ERICH UND ELMA DOFLEIN

Das Geigen-Schulwerk

Ein Lehrgang der Violintechnik
verbunden mit Musiklehre und Übung des Zusammenspiels

Dritte verbesserte Ausgabe

Heft Ia:	Der Anfang des Geigenspiels, Erweiterte Ausgabe	ED 6462
Heft I:	Der Anfang des Geigenspiels	ED 2201
Heft II:	Ausbau der Technik innerhalb der ersten Lage	ED 2202
Heft III:	Die zweite und dritte Lage, halbe Lage	ED 2203
Heft IV:	Erweiterung der Bogen- und Fingertechnik unabhängig vom Lagenspiel	ED 2204
Heftt V:	Das Spiel in den höheren Lagen (4.-10. Lage)	ED 3647

ISMN 979-0-001-03642-9

Fortschreitende Stücke für drei Geigen

Heft I: ED 4756   Heft II: ED 4757
Heft III: ED 5160

Mainz · London · Berlin · Madrid · New York · Paris · Prague · Tokyo · Toronto
© 1932 SCHOTT MUSIC GmbH & Co. KG, Mainz
© 1941 SCHOTT MUSIC Ltd, London · © 1952 SCHOTT MUSIC Ltd, London
Printed in Germany

VORWORT

Seit einiger Zeit schon darf die alte Gewohnheit, mit der Einführung des Lagenspiels im Geigenunterricht mehrere Jahre zu warten, als überholt gelten. Das Spiel= und Übungsmaterial jedoch, das einem frühen Erlernen des Lagenspiels zur Verfügung steht, ist auch heute noch spärlich gesät. Deshalb stellten wir uns für dieses Heft die neue Aufgabe: Übungsmaterial von solcher Einfachheit für das Lagenspiel zusammenzustellen, daß *die Einführung in das Lagenspiel schon während der Arbeit an dem 2. Heft des Geigenschulwerks*, also etwa im zweiten Jahre des Unterrichts, möglich ist. Keine großen und unvorbereiteten Anforderungen an die Bogentechnik oder die Geläufigkeit werden gleichzeitig gestellt, denn möglichst klar und eindeutig soll sich die Aufmerksamkeit des Schülers auf das Lagenspiel allein richten können.

Gleichzeitig mußte auch wieder der musikalische Grundgedanke unseres Schulwerks besonders in den Vordergrund treten. Denn gerade hier, wo der Schüler nun gezwungen ist, sich ganz besonders mit technischen Übungen zu befassen, erscheint es notwendig, gleichzeitig durch gute und charakteristische Musik den Anreiz zum Üben wach zu halten und das zu erreichende Ziel verlockend zu gestalten. Wir glauben auch, daß es uns gelungen ist, eine überraschend große Zahl von brauchbaren, eindeutig in der Lage liegenden Spielstücken von musikalischem Wert aufzufinden, die geeignet sind, die meist nur für diesen Zweck vorhandenen, trockenen Intervallübungen zu ersetzen und eine vorhandene Lücke in der violinpädagogischen Literatur auszufüllen.

Vom Schüler wird nunmehr eine für ihn neue Denkarbeit gefordert, da seine bisherigen Fingersatzgewohnheiten zum Teil ungültig werden und ein neues Lesen der Noten und Suchen auf dem Griffbrett notwendig wird. Hier verlieren Lehrer und Schüler oft die Geduld, und als Folge hiervon ergibt sich, daß der Schüler eine gewisse ängstliche Scheu vor dem Lagenspiel, besonders dann, wenn die betreffende Stelle auch zur Not in der ersten Lage zu spielen wäre, nie überwindet. Die Art unseres Übungsmaterials soll deshalb ermöglichen, das Lagenstudium nicht nur möglichst früh und möglichst gründlich in Angriff zu nehmen, sondern gleichzeitig auch so sinnvoll einzurichten, daß die Notwendigkeit und der Zweck des Spiels in höheren Lagen dem Schüler aus technischen, wie auch aus musikalischen Gründen selbst zwingend klar wird.

Wir bauen auf das schon erworbene Tonalitätsgefühl auf, indem wir annehmen, daß der Schüler eine einfache, bekannte Melodie in mehreren Tonarten spielen kann. Er wird nun zunächst eine viertönige Melodie in der ersten Lage spielen. Dann soll er dieselbe Melodie einen Ton höher (oder zwei Töne höher) beginnen, zunächst in dieser neuen Tonart singen und dann mit heraufgerücktem erstem Finger unter bewußter Beibehaltung der Griffart in der zweiten oder dritten Lage spielen. (In der zweiten Lage zunächst: C-, F-, B-Dur; in der dritten Lage: D-, G-, C-Dur.) Durch Aufschreiben wird ihm dann klar, in welcher Tonart er gespielt hat, so daß es ihm leichtfallen wird, sofort eine tonleiterartige Melodie von größerem Umfang in der Lage auszuführen, wobei er zugleich die Grenze der Lage kennenlernen wird. Er erfährt hierbei, welches die in einer Lage am natürlichsten zu spielenden Tonarten sind, wird nun gerne auch unbekannte, neue Stücke in der Lage anschließen und wird namentlich nicht genötigt sein, die Fingersätze der neuen Lage stets mit denen der ersten Lage zu vergleichen, wodurch sonst es so oft der Schüler in Verwirrung bringt. Durch solches abwechselndes Spiel derselben Melodie in zwei verschiedenen Lagen mit beibehaltener Griffart lernt der Schüler schnell, sich an die veränderte Griffweite der Lage zu gewöhnen. Der gehörsmäßig erworbene Tonraum in der neuen Lage wird dann durch die später folgenden Stücke erweitert, indem die Ausgangstonarten in ihrem vollen Umfang durch die ganze Lage langsam immer mehr ausgenützt werden. Hierbei wurde besonders darauf geachtet, daß die Stücke möglichst gut in der jeweiligen Lage liegen, damit der Schüler ein sicheres Gefühl für die betreffende Lage und für die Zusammenhänge, in welchen sie ihm nützlich sein kann, bekommt. Sobald aber eine gewisse Kenntnis der neuen Lage gewonnen ist, wird schon die Übung der *ersten leichten Lagenwechsel* begonnen, die Wechsel während des Erklingens einer leeren Saite oder während einer Pause. Gleichzeitig soll aber mit Hilfe etwas schwererer Beispiele in neuen Tonarten (Dur und Moll) die Sicherheit in der Lage selbst weiter gefestigt werden. Stücke in einer bestimmten Lage und Stücke mit leichtem Lagenwechsel sollen also gleichzeitig geübt werden.

Das Üben des *Lagenwechsels* fordert eine gründliche Beschäftigung mit technischen Einzelheiten und Feinheiten. Hierzu dienen zunächst die „Grundübungen", die den technischen Vorgang auf die einfachste Formel bringen und die wesentliche Grundlage für die Anwendung des Lagenwechsels bilden. Da wir für die allererste Verbindung zweier Lagen schon einfachste Beispiele zur Verfügung haben, kann das Erübte sofort im Hinblick auf Brauchbarkeit und Zweckmäßigkeit ausprobiert werden. Die Fingersätze sind eingefügt, um die methodischen Absichten deutlich werden zu lassen. Manchem Geiger werden unsere Fingersätze da und dort Neues bringen. So wird besonders der zweiten Lage ein weit größeres Recht eingeräumt, als es sonst meist üblich ist. Eine fast ausschließliche Anwendung der sogenannten Hauptlagen (1., 3. und 5. Lage) führt allzuleicht zu Fingersätzen, die man „unmusikalisch" nennen könnte. Hier kommt es jedoch gerade auf musikalische Fingersätze an, die es ermöglichen, die Wahl der Lage und den Augenblick des Wechsels nach den Gesichtspunkten des melodischen Zusammenhangs und der melodischen Einschnitte zu richten. Auch ist ja die zweite Lage durchaus nicht so schwierig, wie dies immer demjenigen erscheint, der sie nur nebenbei berücksichtigt oder ihrer Anwendung sogar möglichst aus dem Wege geht.

Die Entscheidung darüber, ob mit der zweiten oder mit der dritten Lage begonnen werden soll, bleibt dem Lehrer überlassen. Dieses Heft ist so eingerichtet, daß beide Möglichkeiten offenstehen. Denn die Anwendung aller drei Lagen in einem Stück kommt erst in dem abschließenden 9. Kapitel vor. Zudem gehen die Lehrgänge zur Erlernung der zweiten und der dritten Lage von den gleichen allgemeinen technischen Voraussetzungen aus. Daß diese Schule des Lagenspiels jedoch die dritte Lage an den Anfang stellt, hat seine besonderen Gründe. Die Einarbeitung in die dritte Lage bietet nämlich dem Anfänger die geringeren Schwierigkeiten, besonders im Notenlesen; auch erschließt sie schneller neue Bereiche des Instruments und des musikalischen Spielguts. Der *halben Lage* wurde zum Schluß ein ganzes Kapitel gewidmet, damit sie nicht vernachlässigt wird und auch die Tonarten dem Schüler bekannt werden, für die man die halbe Lage verwenden muß.

Es war unser Grundsatz, möglichst reichlichen Stoff für die einzelnen Bereiche zu bieten. Denn die Sicherheit im Lagenspiel ist zum guten Teil eine Sicherheit im Lesen; und diese wird nur bei von dem mannigfaltigen Übungsstoff gewonnen. Man wird also bei manchem Stück nicht allzulange zu verweilen brauchen; andere sind sogar von Fall zu Fall nur zur Übung im Vomblattspiel zu verwenden.

Dieses *dritte* Heft kann schon während der Übung am zweiten Heft in Angriff genommen werden. Denn der weitere Fortschritt auf den Gebieten der Geläufigkeit und der Bogentechnik wird erst im *vierten* Heft erreicht. Dieses ist absichtlich so gehalten, daß es weitgehend noch in der ersten Lage spielbar ist. Man kann also auch das vierte Heft schon im Anschluß an das zweite Heft *gleichzeitig* mit diesem dritten Heft verwenden, das sich ausschließlich auf die Lagentechnik konzentriert.

Die vorliegende *Neubearbeitung* des Heftes (dritte umgearbeitete Ausgabe des Geigenschulwerks) bringt wesentliche Verbesserungen des Lehrgangs. Es kam besonders darauf an, das Spiel in den einzelnen Lagen selbst auf die sinnfälligsten Beispiele zu konzentrieren. Hier findet man aber bereits Hinweise zu Lagenwechselübungen, die schon gleichzeitig geübt werden können. So konnten zusammengehörende Aufgaben in den einzelnen Abschnitten übersichtlich vereinigt bleiben und gleichzeitig die Querverbindungen der Aufgabenbereiche deutlich gemacht werden. Die Lagenwechselübungen von und zur zweiten Lage wurden so gründlich gestaltet wie bei der dritten Lage. Einige Stücke von Komponisten der Gegenwart wurden neu eingefügt.

Elma und Erich Doflein

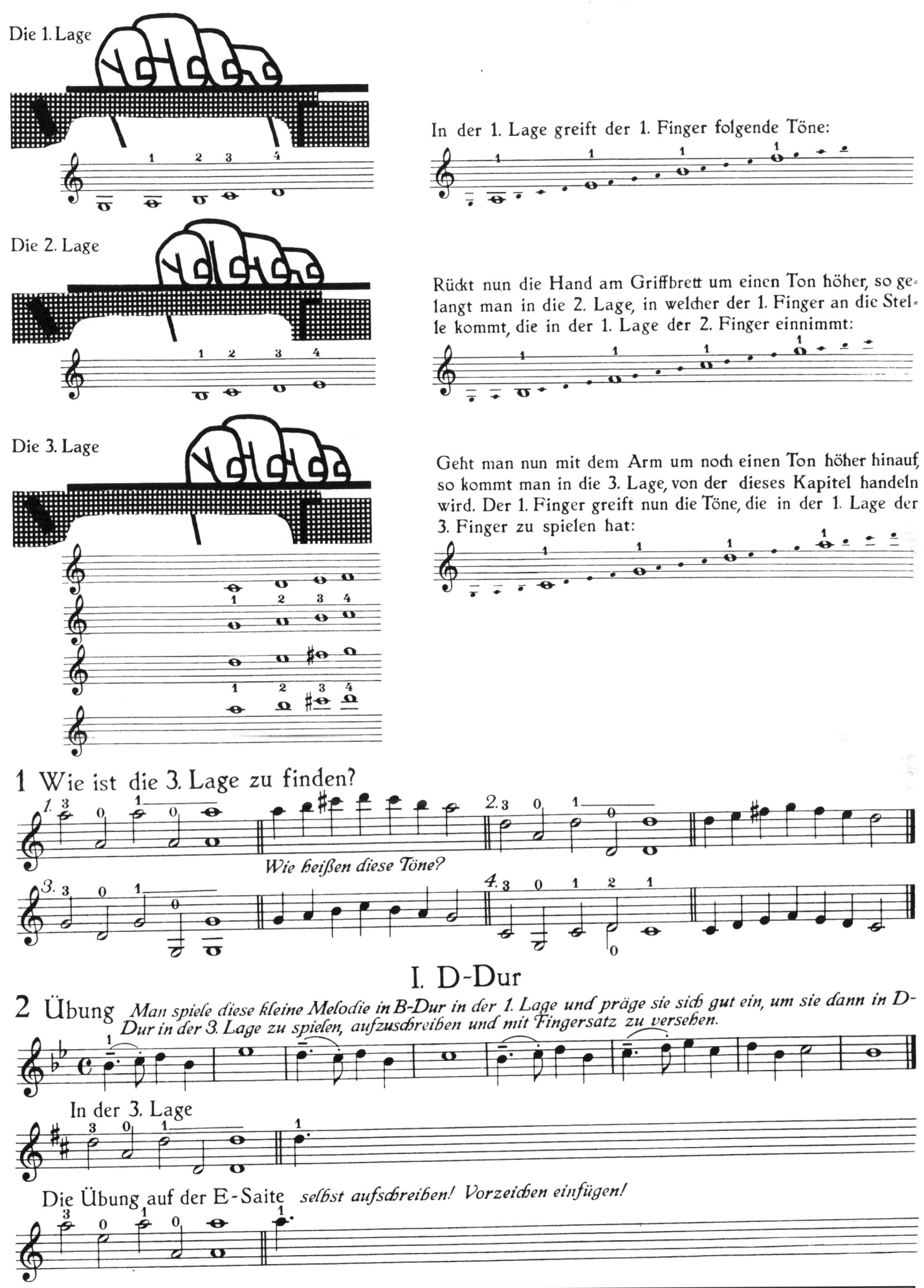

10 Die Bachstelze
Tanz aus dem 18. Jahrhundert

Hier können schon Nr. 31 und 33 geübt werden.

III. C-Dur

11 Übung

12 Fiedellied

Hans Spiel=mann, der hat ei=ne ein=zi=ge Kuh, ver=kauft sei=ne Kuh, kriegt ne Fie=del da=zu. zu. Du gu=te al=te Vi=o=lin, ja Vi=o=lin, du Fie=del mein.

IV. C-Dur, G-Dur und D-Dur über alle vier Saiten

13 Die C-Dur-Tonleiter durch 2 Oktaven

14 Menuett
Michel Corrette (1738)

15 Der C-Dur-Dreiklang

16 Präludium
(1738)
Adagio

25 Übung für das Höhersetzen des 1. Fingers in D-Dur

26 Tonleiter-Stück

27 Melodie *)

Charles-Auguste de Bériot (Violinschule 1858)

Cantabile

Schüler

dolce

*) Dieses Stück eignet sich besonders zur Übung des Vibratos.

28 Übung für den Halbtongriff zwischen dem 3. und 4. Finger. *Auch eine Quinte tiefer zu spielen*

2. KAPITEL: Verbindung der 3. Lage mit der 1. Lage
während einer leeren Saite oder Pause

29 Übung *Auf allen Saiten zu üben*

30 Etüde

31 Lagenwechsel während einer Pause

32 Steyrischer

33 Zwei Hirten spielen

Jacques Aubert (etwa 1730)

*) Der Bogen unter dem Fingersatz soll anzeigen, daß der Finger für den betreffenden Ton zurückgezogen wird, ohne daß ein Lagenwechsel stattfindet.

36 Ein Kuckucksstück

Zart

frei nach einem hessischen Volkslied
von Erich Doflein

3. KAPITEL: Weitere Übung der Lagenwechsel von der 1. zur 3. Lage
Schwerere Stücke in der 3. Lage

37 F-Dur und B-Dur in der 3. Lage, Vorübungen für Nr. 38

I. Die Grundlage aller pausenloser Lagenwechsel:
38 Grundübungen*)   Das Gleiten mit einem Finger

Diese Übung ist auf allen Saiten zu üben

Die Übung ist auch ohne Bindung, aber mit pausenlosem Bogenwechsel zu üben. Der Bogenwechsel erfolgt dann in dem Augenblick, in dem die neue Lage erreicht ist.

*) Der Lagenwechsel wird durch eine Bewegung des ganzen Armes ausgeführt. Der Finger verhält sich dabei passiv; er wird durch die Armbewegung an seinen neuen Platz gebracht. Was ist zu beachten, damit diese Bewegung mühelos gemacht werden kann?
Antwort:

39 Übungsstück

40 Menuett — Jacques Aubert (etwa 1730)

III. Lagenwechsel in Verbindung mit Fingerwechsel

45 Grundübung *Man übe den Lagenwechsel zuerst in der Form a, dann wie b, und erst wenn er auf diese Weise ganz sicher ist, in der endgültigen Form c*

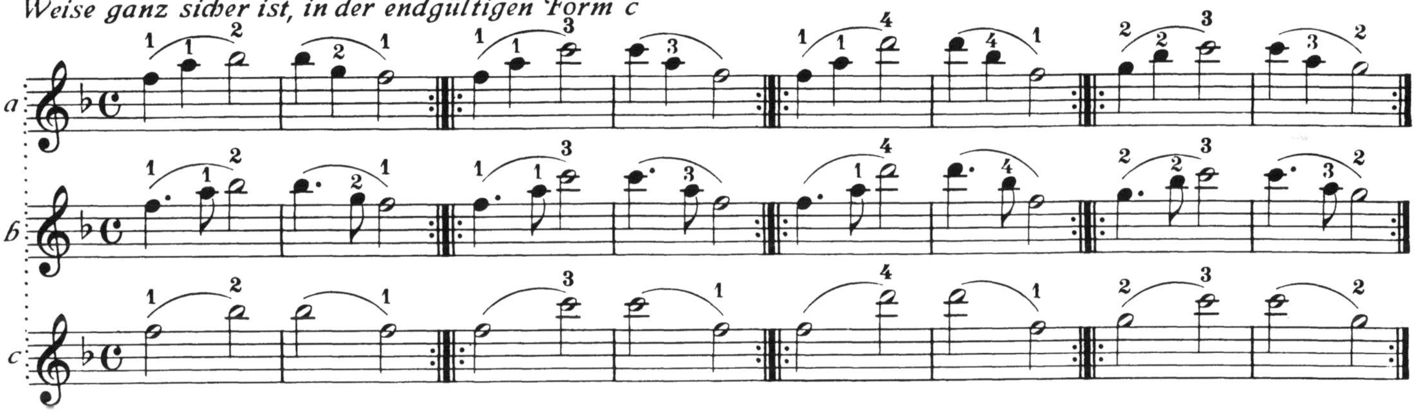

Während des Gleitens darf nur der zuletzt aufgesetzte Finger auf der Saite sein.

Ausführung mit gleichzeitigem Bogenwechsel:

Die Übung ist auch mit anderen Vorzeichen zu üben:

Die Übung auf den anderen Saiten

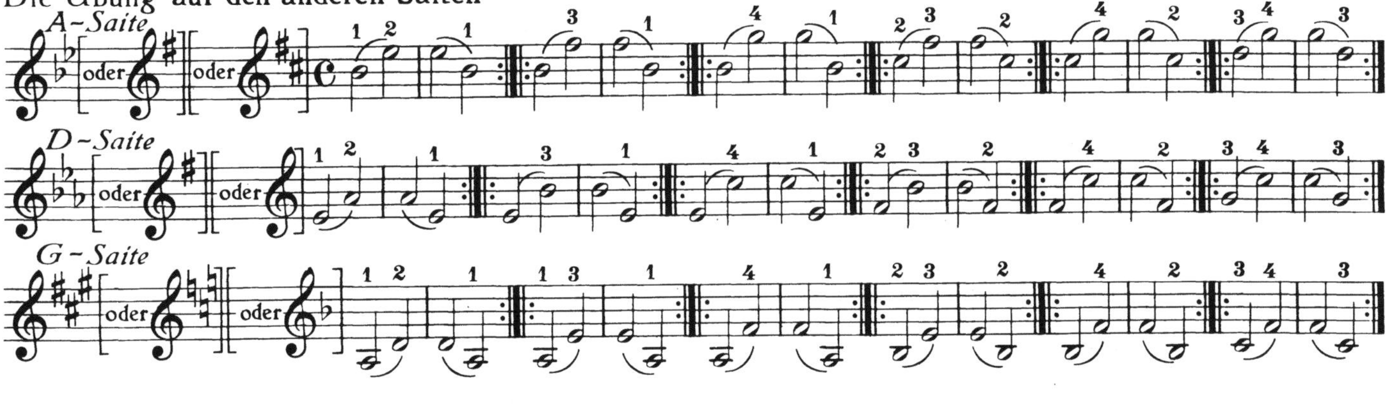

46 Zwei kleine Etüden

IV. Lagenwechsel bei umgekehrter Fingerfolge

47 Grundübungen
Am Ende jeder Übung ist ein der Tonart entsprechender Schlußton anzufügen.

a) Bei den aufwärtsführenden Lagenwechseln zeigt hier die Zwischennote den Ausgangspunkt des Fingers an, der sowohl beim Gleiten auf der Saite steht, als auch in der 3. Lage den neuen Ton fixieren muß; ein über dem Zielton liegender Zwischenton wird hierbei vermieden (nach C. Flesch).

b) Größere Beweglichkeit und schnellere Fixierung des in der 3. Lage zu greifenden Tons kann erreicht werden, wenn der in der 1. Lage zuletzt gebrauchte Finger während des Gleitens auf der Saite bleibt, und der in der 3. Lage benötigte Finger erst nach dem Gleiten aufgesetzt wird.

Es steht also auch hier nur der zuletzt aufgesetzte Finger während des Gleitens auf der Saite. Die Zwischentöne sollen zuerst deutlich und der Tonart entsprechend erklingen. Nach erlangter Sicherheit müssen Gleiten und Zwischenton unhörbar werden: zum Gleiten Fingerdruck lockern und anschließenden Fingerwechsel sehr schnell ausführen. Die Größe der Armbewegung bleibt auch bei nur knapp erreichtem Zwischenton die gleiche. Mischformen aus *a)* und *b)* sind möglich.

48 Vivace
Willem de Fesch (1735)

*) Ausführung der Triller siehe Nr. 56

V. Zwei schwerere Stücke in der 3. Lage

51 Andante (über ein rumänisches Alphornstück)
Erich Doflein

52 Der Zappelphilipp
Poco Allegro
Heinrich Ernst Kayser (1872)

4. KAPITEL: Anwendung der 3. Lage

I. Triller*⁾

53 Vorübung

3.) Ohne Punktierung in regelmäßigen Sechzehnteln. Bei Übung der 2. Lage mit entsprechendem Fingersatz.

54 Trillerübung Die Trillerschläge sind zuerst mit ♩♩♩♩ genau abzuzählen. Erst nachdem die Fingerbewegung regelmäßig und leicht beherrscht wird, darf der Triller mit einer beliebigen Anzahl von Trillerschlägen ausgeführt werden.

I. ohne Nachschlag

II. mit Nachschlag

I. ohne, II. mit Nachschlag

In der Musik der Zeit Bachs und Mozarts wurde der Triller fast stets mit der oberen Note (= Wechselnote) begonnen. Wir bringen deshalb hier nur die Übung des mit der oberen Note beginnenden Trillers.

55 Lange Triller mit Nachschlag

d-moll in der 3. Lage ist bei Nr. 60 zu finden

Auch hier können die Triller mit schnelleren und zahlreicheren Schlägen ausgeführt werden, sobald Intonation und Rhythmus der Melodie beherrscht sind. Man beachte, daß der Nachschlag dicht an die Trillerschläge anschließt und möglichst schnell ist.

56 Kurze Triller mit Nachschlag

Die Anzahl der Trillerschläge richtet sich sowohl nach der Fähigkeit des Spielers, schnell zu trillern, als auch nach dem Tempo der Übung oder des Stückes, in dem solche Triller vorkommen. Je schneller das Zeitmaß, desto weniger Trillerschläge.

*) In dieser Ausgabe verbesserte Fassung der Übungen. Siehe auch Heft IV Nr. 25 bis 33
**) Da bei der Behandlung der 2. Lage das Studium der Triller nicht vorkommt, sind hier die Übungen Nr. 54 und 56 auch mit einem Fingersatz versehen, der die 2. Lage verwendet und die 3. Lage vermeidet. Dieser zweite Fingersatz steht jeweils unter den Noten und ist während der Übung der 3. Lage nicht anzuwenden.

III. Drei Stücke mit Anwendung der 3. Lage

65 Glückliche Stunden *Selbständig weiter mit Fingersätzen zu versehen.* — Jacques Aubert (etwa 1730)

*) ⁓ und *tr* oben beginnen

66 Wiener Walzer — Joseph Mayseder (1789-1863)

67 Schwungvoll (♩=72)* — Carl Orff (1931)

*) Weitere Stücke mit wechselndem Takt von Carl Orff und anderen Komponisten findet man im IV. Heft Nr. 100-106

Zum Abschluß
Stück mit Variationen

Paul Hindemith

80 Mäßig schnell

6. KAPITEL: Die zweite Lage

Man vergleiche auch die Abbildung auf Seite 3

81 Vorübungen

I. C-Dur

82 Kleine Übung mit 4 Tönen *(vergl. Nr. 2)*

Die gleiche Übung auf der E-Saite *selbst ausfüllen*

83 Die C-Dur-Tonleiter

84 Tonleiterübung

85 Kanon

Hier kann bereits Nr. 107 geübt werden.

II. F-Dur

86 Kleine Übung mit 4 Tönen

87 Die F-Dur-Tonleiter
Übung

88 Etüde
Allegretto con moto
Heinrich Ernst Kayser (Violinschule 1867)

89 Springtanz
Lochheimer Liederbuch (1455)

Ich spring in die = sem Rin = ge, des be = sten so ichs kann.

Hier kann schon Nr. 108 geübt werden.

III. B-Dur

Man spiele folgende Melodie zuerst in der 1. Lage, und spiele sie dann eine Oktave tiefer mit dem gleichen Fingersatz in der 2. Lage

90 Springtanz
1529

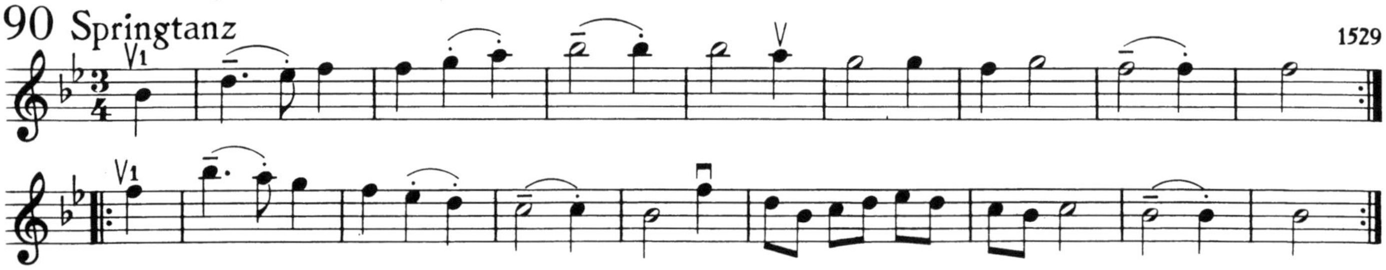

In der 2. Lage

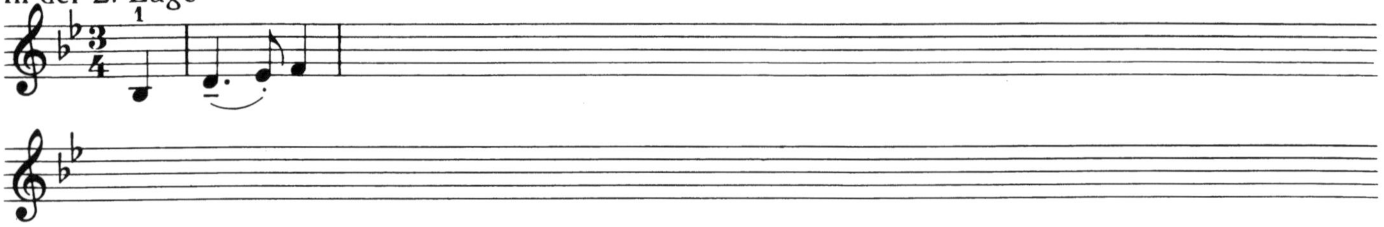

91 Fuhrmannsweise
16. Jahrhundert

Hier kann Nr. 109 geübt werden.

98 Doppelgriffe, die sich durch Liegenlassen der Finger ergeben

99 Schalmeien-Rondo

1740

Fine

Da Capo al Fine

Hier kann Nr. 111 geübt werden.

100 Übung für die wechselnde Stellung des 4. Fingers *Auch eine Quinte tiefer in F-Dur zu üben*

105 Deutsche Gavotte — Nicolas Chédeville (1739)

106 Schustertanz — Volkstanz aus dem Sudetenland (Satz: E. D.)
Gemächlich (♩=114)

7. KAPITEL: Verbindung der 2. Lage mit der 1. Lage
I. Lagenwechsel während einer leeren Saite oder Pause

*) Übung der Triller bei Nr. 53 bis 56 und Heft IV Nr. 25 bis 33

122 Allegro — Wolfgang Amadeus Mozart (1786)

123 Etüde für den Lagenwechsel bei einer Tonwiederholung

9. KAPITEL: Verbindung der 2. mit der 3. Lage
Anwendung der ersten drei Lagen
I. Lagenwechsel von der 2. zur 3. Lage

Da der Lagenwechsel von der 2. zur 3. Lage technisch das Gleiche bedeutet, wie der Lagenwechsel von der 1. zur 2. Lage, sind hier die Übungen auf das Notwendigste beschränkt. Das Schwergewicht liegt in diesem Kapitel auf den Beispielen für die sinnvolle Anwendung der ersten drei Lagen.

137 Spitzflötentanz — etwa 1730

138 Übung für alle Lagenwechsel auf einer Saite. *Auf jeder Saite zu üben*

139 Duo Allegretto (*Beide Stimmen sind zu üben*) — Duettbuch 1740

140 Kleine Etüde Schnell und leicht — Michel P. de Montéclair (1709)

II. Anwendung der ersten drei Lagen bei Liedern und Tanzstücken

141 Kanon

Schla-get ei - ne Nach - ti - gall an ei - nem Was - ser fall und ein Vo - gel e - ben-falls, der nennt sich Wen - de - hals, Jo - hann Ja - kob Wen - de - hals.

142 Abendlied

Die Blü - me - lein, sie schla - fen schon längst im Mon - den - schein, sie nik - ken mit dem Köpfchen auf ih - ren Sten - ge - lein. Es rüt - telt sich der Blü - ten - baum, er säu - selt wie im Traum: Schla - fe, schla - fe, schla - fe, schlaf du, mein Kin - de - lein.

143 Tanz der Schäferinnen

Jacques Aubert (etwa 1730)

144 Andante*⁾   Wolfgang Amadeus Mozart (1786)

*⁾ Die Fingersätze sind selbst zu suchen.

145 Menuett   Wolfgang Amadeus Mozart

Trio
etwas ruhiger

Menuett da Capo

151 Wiener Walzer — Joseph Mayseder (1789-1863)

IV. Sechs charakteristische Stücke aus drei Jahrhunderten

152 Kanon für zwei Geigen — Wilhelm Friedemann Bach (1710-1784)

153 Romanze
Carl Stamitz (um 1780)

154 Andante grazioso[*]
Simon Le Duc 1771

[*] Selbst mit Fingersätzen versehen

164 Anwendung der halben Lage bei Begleitfiguren — Aus einer Etüde von Alard

165 Andantino — Bartolommeo Campagnoli (Violinschule 1823)